Félix Lope de Vega y Carpio

# La limpieza
# no manchada

Barcelona **2024**
Linkgua-ediciones.com

## Créditos

Título original: La limpieza no manchada.

© 2024, Red ediciones S.L.

e-mail: info@red-ediciones.com

Diseño de cubierta: Michel Mallard.

ISBN tapa dura: 978-84-1126-691-8.
ISBN rústica: 978-84-9816-193-9.
ISBN ebook: 978-84-9897-724-0.

Cualquier forma de reproducción, distribución, comunicación pública o transformación de esta obra solo puede ser realizada con la autorización de sus titulares, salvo excepción prevista por la ley. Diríjase a CEDRO (Centro Español de Derechos Reprográficos, www.cedro.org) si necesita fotocopiar, escanear o hacer copias digitales de algún fragmento de esta obra.

# Sumario

Créditos _____ 4

Brevísima presentación _____ 7
   La vida _____ 7

Dedicada a la ilustrísima señora doña Francisca
de Guzmán, marquesa de Toral _____ 9

Personajes _____ 10

Jornada primera _____ 11

Jornada segunda _____ 43

Jornada tercera _____ 73

Libros a la carta _____ 103

## Brevísima presentación

### La vida

Félix Lope de Vega y Carpio (Madrid, 1562-Madrid, 1635). España.

Nació en una familia modesta, estudió con los jesuitas y no terminó la universidad en Alcalá de Henares, parece que por asuntos amorosos. Tras su ruptura con Elena Osorio (Filis en sus poemas), su gran amor de juventud, Lope escribió libelos contra la familia de ésta. Por ello fue procesado y desterrado en 1588, año en que se casó con Isabel de Urbina (Belisa).

Pasó los dos primeros años en Valencia, y luego en Alba de Tormes, al servicio del duque de Alba. En 1594, tras fallecer su esposa y su hija, fue perdonado y volvió a Madrid.

Entonces era uno de los autores más populares y aclamados de la Corte. La desgracia marcó sus últimos años: Marta de Nevares una de sus últimas amantes quedó ciega en 1625, perdió la razón y murió en 1632. También murió su hijo Lope Félix. La soledad, el sufrimiento, la enfermedad, o los problemas económicos no le impidieron escribir.

**Dedicada a la ilustrísima señora doña Francisca de Guzmán, marquesa de Toral**

Mandáronme las Escuelas de Salamanca escribir esta comedia, con título de La Limpieza no manchada, para el juramento que hicieron de defenderla: que fue la acción más heroica y de mayor majestad y grandeza que desde su fundación se ha visto, cuanto va de graduar la preservación de la Emperatriz del cielo la piadosa opinión de los mayores ingenios del mundo, a los demás actos, laureles de los méritos de los hombres.

Representóse en ellos con tanto aplauso de sus doctores y maestras, que pudiera desvanecer la humildad que no fuera mía. Pero confieso a V. S. ingenuamente que no tendré la honra que la hicieron por tan lucida como calificada de su raro, peregrino y milagroso entendimiento; verdad que favorecerán cuantos hubieren merecido comunicar las riquezas de su claro, juicio, de quien es su amable cortesía y real condición llave dorada. Bastantes causas para moverme a dedicarla a su nombre, cuyo apellido tanta veces ha sido sujeto de mis versos, que pueda decir que le debo el alma que han tenido, si en la opinión de los que saben ha sido alguna. A este reconocimiento mío con tan suma afecto, espero que se ajustará la censura y aprobación de aquella insigne Universidad, a quien se debía; pues habiéndose de consagrar esta memoria a las Musas, previne su elección con ofrecerla a V. S., a quien guarde Dios muchos años, como deseo.

Capellán de V. S.
Lope Félix de Vega Carpio.

**Personajes**

La Quietud
La Duda
La Contemplación
Santa Brígida
El Cuidado
Job
El rey David
El Pecado Original
La Soberbia
El Género Humano
El Rigor
Jeremías
Un Pastor
Belardo, otro pastor
Zacarías, viejo
San Juan Bautista
La India
Etiopía
La Piedad
La Fama
Alemania
Francia
España
La Universidad de Salamanca
Cuatro estudiantes gorrones
Músicos
Bailarines

## Jornada primera

(Salen la Quietud y la Duda.)

Quietud
    Salid de casa, acabemos,
    y dejaos de replicar.

Duda
    Ya que me queréis echar,
    no me echéis haciendo extremos.
    ¿Qué os hice yo, que me echáis
    de vuestra casa?

Quietud
                ¿Y es poco
    traerme a preguntas loco?

Duda
    ¡Si vos la ocasión me dais!

Quietud
    ¿Yo la ocasión?

Duda
                  Vos, Quietud.

Quietud
    Duda, acortemos razones;
    que esto de andar en cuestiones
    no lo sufre mi salud.
      Yo no te quiero en mi casa;
    el mundo es largo.

Duda
               Ya en hombre
    me he transformado; que el nombre,
    seguro por todos pasa.
      Que mal pienso que pudiera
    vivir mujer y desnuda
    de defensa, aunque soy duda,
    donde de mí no la hubiera.

Quietud          Pues si en hombre transformada,
                 segura vas para todo,
                 déjame aquí.

Duda                       ¿De ese modo
                 me enviáis sin darme nada?
                    Los sabios que despreciaron
                 el mundo, cuanto tuvieron,
                 como caso dél no hicieron,
                 ninguna cosa llevaron.
                    Tal, en el mar, de su mano,
                 echó su hacienda a los peces;
                 tal, despreció algunas veces
                 el oro de algún, tirano.

Quietud             Tan desnudo como vienes,
                 algún sabio caminaba,
                 y en llevarse a sí llevaba
                 consigo todos sus bienes,
                    Diógenes se reía
                 de Alejandro, y estimaba
                 más el desdén que mostraba,
                 que el favor que le hacía.

Duda                La Duda soy, transformada
                 en un hombre ya.

Quietud                        Y no yerras.

Duda             Andaré por esas tierras.
                 como mujer desdichada.

Quietud             Ten cuenta de no volver

                        más a mi casa.

(Vase.)

Duda                    No soy
pertinaz: a todos doy
el lugar que han de tener:
   No dudo cosa ninguna
en la fe ni en la razón,
pero en cosas de opinión,
soy duda, que tengo alguna.
   Estas obras producidas
de la gran naturaleza,
tienen suprema belleza,
o juntas, o divididas.
   ¿Qué es ver de los celestiales
el circular movimiento,
y entre aquél y este elemento,
enemistades mortales?
   Fuego puro y rayo leve
la superficie semeja,
que con la Luna empareja;
que esto mismo se le debe
   al aire en sus tres regiones,
y tras él al agua luego,
que es defensora del fuego.

(Sale la Contemplación.)

Contemplación   ¿Quién eres tú, que te pones
   en esa transformación
de ti mismo?

Duda            Soy la Duda;

|               | y vos, ¿quién sois?           |
|---------------|-------------------------------|

| Contemplación | Quien te muda,<br>que soy la Contemplación. |

| Duda | A la fe, que sois venida<br>a buen tiempo. ¿Cómo fue<br>esto del agua? |

| Contemplación | ¿Que esté<br>de la tierra dividida?<br>   Por los hombres la mandó<br>Dios al agua congregarse;<br>que era imposible juntarse<br>como luego se juntó.<br>   Y así preguntaba Dios<br>allá en la Sabiduría,<br>quién a las aguas vestía. |

| Duda | Él me ha juntado con vos:<br>   soy un pobre labrador:<br>ya me véis; de mí algún día<br>nació la Filosofía,<br>y por mí se hizo mayor.<br>   Iba a la corte a servir,<br>y no con poco temor;<br>que vivir con un señor<br>no es vivir, sino morir.<br>   Están muy necesitados,<br>tienen mil obligaciones,<br>y han de andar en opiniones<br>si han de pagar sus criados.<br>   No sé dónde me leí,<br>que entrando en Jerusalén |

|  | Cristo, nuestro amado bien, dijo a un Apóstol ansí: «Dile a aquel hombre, que tiene el Señor necesidad; que siendo Su Majestad tan rico, a tenerla viene.» ¿Por qué se llamó Señor? |
|---|---|
| Contemplación | El que es señor en la tierra, padece continua guerra entre el caudal y el temor: ¿Quieres tú servirme a mí, que ando siempre por el cielo? Pues cuando me humillo al suelo, es para buscarle allí. |
| Duda | Haréisme notable bien. |
| Contemplación | Ya eres mío. |
| Duda | Vuestro soy, porque si con vos estoy, en el cielo estoy también. |
| Contemplación | Allá no hay duda ni fe. |
| Duda | Digo, pues, Contemplación, ¿dónde vivís? |
| Contemplación | Estas son mis casas. |
| Duda | Aquí, ¿por qué? |

Contemplación       Este monasterio santo
tiene una divina Esposa
de Cristo, sabia y hermosa,
a quien por puntos levanto
en alta contemplación
para que Dios la revele
misterios que dudar suele,
porque están en opinión.
Vesla aquí.

(Salen santa Brígida y el Cuidado.)

Brígida                    Mira, Cuidado,
que me dejes descansar.

Cuidado        Si vos no me dais lugar,
¿cómo he de estar descuidado?

Brígida        Estas dudas me fatigan,
saber cómo comprende
aquel pecado de Adán
a todos sus descendientes.
¿Cómo el niño que no tuvo
conocimiento, ni tiene
memoria que vido el árbol
de la vida y de la muerte,
ni escuchó en el Paraíso
por entre sus ramas verdes
a la primera mujer,
la que habló con la serpiente,
fue concebido con mancha,
y que sus padres le engendren
en pecado?

| | |
|---|---|
| Cuidado | Si vos, Brígida, |
| | andáis siempre desa suerte, |
| | ¿por qué os quejáis del Cuidado |
| | y no queréis que os apriete? |
| | Mirad, los medios humanos, |
| | de poca salud parecen; |
| | acudir a los divinos |
| | fue santo consejo siempre: |
| | avisar quiero al Silencio |
| | para que él mismo os revele |
| | dónde preguntéis a Dios |
| | las dudas que se os ofrecen. |
| Brígida | Pues parte, Cuidado mío. |
| (Vase el Cuidado.) | |
| Contemplación | Agora puedes llegar, |
| | que en ella, Duda, has de hallar |
| | dueño y maestro, confío. |
| Brígida | ¿Quién es? |
| Contemplación | Tu Contemplación. |
| Brígida | ¿Quién en pena tan aguda |
| | viene contigo? |
| Duda | La Duda, |
| | que en ti logra su afición. |
| | Hame echado la Quietud |
| | de su casa: no te asombre; |
| | que vengo a perder el nombre |
| | en el mar de tu virtud. |

O para decir mejor,
en el mar de aquella ciencia
divina, cuya excelencia
tiembla el Serafín mayor.

Brígida

A la alteza de riquezas
de aquella Sabiduría,
a quien Pablo encarecía,
bien tu ignorancia enderezas.
  Mas de Dios es más seguro
el creer que el entender.

Duda

Eso que quieres saber
es lo que saber procuro.
  Demás, Brígida, que a mí
cuantos viven me han tenido;
dejo lo que es, sé que ha sido
lo que nunca merecí.
  Hasta que se satisfagan
al fin del todo entenderme,
no se excusan de tenerme
por diligencias que hagan.
  Duda y teme el pretendiente
si con el pleito saldrá;
el labrador, si tendrá
agua en mayo suficiente.
  Los letrados, que no son
de tan bárbaro consuelo
que traigan de cada pelo
colgada una provisión,
  dudan la plaza, victoria
el soldado, aunque valiente,
la cátedra el pretendiente,
y más si tiene memoria.

　　　　　　　　El soberbio, de caer;
　　　　　　　　el caído, si ha de alzarse;
　　　　　　　　el malo, si ha de salvarse,
　　　　　　　　y el bueno, si lo ha de ser.
　　　　　　　　　Duda el puerto el que navega,
　　　　　　　　el fin el que va a reñir,
　　　　　　　　si el enfermo ha de vivir,
　　　　　　　　si ha de ganar el que juega.
　　　　　　　　　No dudar es, en efeto,
　　　　　　　　acción de necio engañado,
　　　　　　　　porque ningún confiado
　　　　　　　　se puede llamar discreto.

Brígida　　　　　La que yo tengo, es saber
　　　　　　　　cómo fue a todos igual
　　　　　　　　el pecado original:
　　　　　　　　dispuesta siempre a creer
　　　　　　　　　lo que la Iglesia tuviere,
　　　　　　　　o enseñaren sus doctores.

Contemplación　　Bien dices, y los mejores
　　　　　　　　modos con que esto se adquiere
　　　　　　　　　son tu piedad y oración;
　　　　　　　　y tu piadoso deseo
　　　　　　　　levanta el alma, que creo
　　　　　　　　que voces del cielo son.

(Sale Job viejo, muy lleno de llagas, como le pintan, y canten dentro:)

　　　　　　　　No se hallará, Esposa mía,
　　　　　　　　quien sin pecado se vea,
　　　　　　　　aunque un tierno infante sea
　　　　　　　　cuya vida es solo un día.

| | |
|---|---|
| Job | Perezca la memoria |
| | de aquel amargo y lastimoso día, |
| | principio de mi historia |
| | y de la vida miserable mía; |
| | pierda la noche el nombre |
| | en que se dijo: «Concibióse el hombre. |
| | Pues fue tal su destino, |
| | cubra aquel día un tenebroso velo, |
| | y aquel Señor divino |
| | no pregunte por él desde su cielo, |
| | ni el claro Sol le ilustre; |
| | la sombra de la noche le deslustre. |
| | oscuridad le ocupe |
| | y en fuego le convierta». |
| Brígida | Voy creyendo |
| | las dudas que no supe. |
| Contemplación | Aqueste es Job, que viene maldiciendo |
| | el día en que ha nacido |
| | y noche amarga en que engendrado ha sido. |
| Brígida | Pues ¿qué piensas agora? |
| Contemplación | Que del pecado original se queja. |
| Job | No goce clara aurora |
| | la oscura noche que sin luz me deja; |
| | Luna ni estrellas vea, |
| | oscuro torbellino la posea. |
| | Ni en los días del año, |
| | ni en los meses se muestre en importuna |
| | soledad de mi daño, |
| | ni sea digna de alabanza alguna. |

    ¡Oh, noche infeliz mía!
Tu horror maldiga quien bendijo el día.
   Aquellos que viciosos
a Leviatán ofrecen, y aborrecen
los rayos luminosos,
y las oscuras sombras apetecen;
caliginoso velo
cubra les luces de que se honra el cielo;
   espere vencedora
la luz de su tiniebla, y no la vea
levantar el aurora
que los amenos campos hermosea,
pues no encerró y detuvo
aquel vientre infeliz en quien anduvo;
   pues por ella padezco
persecución, trabajos y miserias;
por ella, en fin, merezco
verme en tales desdichas y lacerías.

**Brígida**    ¡Extrañas maldiciones!

**Contemplación**    Está cercado Job de mil pasiones.

**Job**       ¿Por qué luego en naciendo
mi desdichada vida no acabada?
¿Por qué fui recibiendo
del regazo del ama que me daba,
en la miseria mía,
su pecho aquel amargo y triste día?

**Duda**       Señor Job, ¿tanta impaciencia?
Si todo el mundo os alaba
de sufrido, ¿qué es aquesto?
No dicen vuestras palabras

                    con lo que de vos se cuenta.

Job             Las maldiciones que echaba,
                fueron al pecado, Duda;
                en aquella noche amarga
                fui concebido.

Duda                        Tenéis
                razón, y es bastante causa:
                en grande miseria os veis,
                siendo Rey, y de la casa
                de Esaú, si no me engaño;
                que Raquel engendró a Sara,
                y él a vos, aunque Idumeo
                alguna opinión os llama.
                ¡Qué de ganados tuvistes!
                ¡Qué de ovejas, qué de cabras!
                ¡Qué de hijos y pastores!
                ¡Qué de casas y labranzas!
                Doscientos años vivistes,
                y aún cuarenta y ocho os faltan;
                ciento cuarenta gozastes
                vuestra hacienda restaurada.
                A fe que pagaron bien
                la paciencia.

Job                         Es Dios quien paga.

Duda            ¿Cómo dijistes un día
                a aquella gente non sancta
                que disputaba con vos,
                que ojalá fuera su alma
                la que, en lugar de la vuestra,
                padeciera penas tantas?

| | |
|---|---|
| Job | Quise decir que les diera
mayor consuelo que daban
a mis desdichas. |
| Duda | Alabo
entre virtudes tan raras
sufrir a vuestra mujer,
necia, importuna y pesada;
porque en viendo, a un hombre pobre,
o le dejan, o le matan
a puro decirle afrentas;
y fuera desto, me espanta
la paciencia que tuvistes,
no solo en que vuestra casa,
y la hacienda que teníais,
voraz el fuego abrasara,
sino en ver que vuestros hijos
alegres comiendo estaban.
cuando un viento del desierto
las columnas arrebata
con soplo horrible y furioso,
y de su centro las saca,
con que los sepulta juntos
entre piedras, tierra y tablas:
Jacob, por un hijo solo,
cuando tantos le quedaban,
no quiso admitir consuelo. |
| (Vase.) | Y vos... Él se va. |
| Contemplación | Repara
en que, más que su mujer,
a Job la paciencia gastas. |

**23**

| | |
|---|---|
| Duda | Olvidéme que esto era, que Brígida contemplaba en las lecciones de Job con los éxtasis del alma. |
| Brígida | En fin, que Job maldecía la noche, por el pecado original. |
| Contemplación | Tu cuidado en partes te divertía. |
| Duda | Sí, pero Brígida intenta saber cómo el niño ha entrado, con la parte en el pecado. |
| Contemplación | Porque al padre representa, en la carne que le dan Eva y Adán. |
| Duda | Está bien; Dios se lo perdone, amén, y pague al segundo Adán. |
| Contemplación | De la forma del bautismo es el ejemplo bastante; al adulto y al infante le dice el cura lo mismo. Yo te lavo es argumento de mancha que no se vía, y esto dice cada día la forma del Sacramento con que el cristiano se alista debajo de la bandera |

|  |  |
|---|---|
|  | de Cristo, y aún si naciera<br>libre el niño en la conquista<br>   del cielo, no hubiera Dios<br>muerto por él: luego ¿era<br>Cautivo? |
| Brígida | De esa manera,<br>de la culpa de los dos<br>   nacieron nuestros pecados,<br>enfermedades y penas;<br>la muerte, que en sus cadenas<br>nos trujo gran tiempo atados;<br>   la villana rebeldía<br>de la carne a la razón<br>y al espíritu, que son<br>partes de la duda mía. |
| Duda | Es así; pero, una duda<br>escuchad. |
| Contemplación | Veamos cual es. |
| Duda | ¿No habéis visto que después<br>que el pintor la tabla muda,<br>   acabada una figura,<br>pone faciebat al pie,<br>por dar a entender que fue<br>imperfecta la pintura?<br>   Pues a Dios le sucedió<br>lo mismo pintando a Adán,<br>si en el bautismo le dan<br>lo que en el agua faltó. |
| Brígida | Sí, mas la respuesta dio |

Cristo, y la absolución,
de la regeneración
del santo bautismo vio.
  Nicodemus se espantaba
que el hombre otra vez naciese,
o cómo al vientre volviese
de su madre, preguntaba.
  Luego el fecit puso ya
el bautismo a la figura,
que lavada en agua pura,
limpia y acabada está.

**Contemplación**   Dios perfecta la acabó;
pero frescas las colores,
la culpa, con sus errores,
desde luego le quedó.
  Esta marca original
le quedaba desde entonces.

**Duda**   No los hiciera en dos bronces,
y no, en polvo, ¡pesia tal!
  ¿Qué mucho que se borrara
la imagen en polvo hecha?
Más tarde fuera deshecha,
si en oro o plata labrara.
  ¿Queréis ver cuál fue el error
de esa mancha contagiosa?
Que otra vez pidió la esposa
manzanas, muerta de amor.
  Mirad si se pega bien
el gusto de la manzana.

**Contemplación**   ¡Qué alegoría tan vana,
y qué pesada también!

| | |
|---|---|
| Duda | ¿Esta te parece vana? |
| Contemplación | No es que manzanas quería. |
| Duda | Pues ¿qué? |
| Contemplación | Remedio pedía<br>de la primera manzana. |

(Sale el rey David con corona y ropa de levantar.)

David
    Piedad, Señor divino,
según tu gran misericordia, canta
mi lengua; en el camino
de tanto error el ánimo levanta
en remediar mis males,
pues eres la salud de los mortales.
    Lávame más, Dios mío,
y borra mi pecado;
limpia mi mancha en el piadoso río
que nace de aquel mar de tu costado.

Contemplación
David es éste; advierte
con qué arrepentimiento se convierte.

David
    Pequé, Señor divino,
a ti solo pequé, y en tu presencia
hice tal desatino,
porque se justifique tu sentencia;
aunque también confío
que tu palabra cumplirás, Dios mío.
    Pero traeré en disculpa
la mancha original, pues que mi madre

|  |  |
|---|---|
| | me concibió en la culpa |
| | que trajo al mundo mi primero padre. |
| Contemplación | ¿No ves que la confiesa? |
| Brígida | David lo dice con sentencia expresa. |

    Voyme con tierno llanto,
Contemplación, desengañada y triste;
nunca lo estuve tanto,
aunque después sabrás en qué consiste;
que adonde el alma tira,
por más alto coral pone la mira.
    Virgen hermosa y pura,
corona de las Vírgenes, sospecho
que nunca sombra oscura,
trayendo vos al Sol en vuestro pecho,
cubrió vuestra belleza,
honra de la mortal naturaleza.
    Esto saber deseo;
hacedme esta merced, Virgen piadosa;
en esto agora empleo
de mi contemplación la luz dichosa.

|  |  |
|---|---|
| Contemplación | ¿Voy contigo? |
| Brígida | Bien puedes. |
| (Vase.) | |
| Duda | Tú ¿qué dices de mí? |
| Contemplación | Que aquí te quedes. |
| (Vase.) | |

Duda

Señor David, tiernamente
vuestra canción escuché;
que cierto que me obligáis
a sentir y a padecer.
Aunque ofendistes a Dios,
bien lloráis si le ofendéis;
músico sois extremado,
y versos hacéis también;
ofréceseme una duda;
la Duda soy, ya me veis:
¿cómo siendo vos un hombre
bueno, pues Dios dijo dél
que era conforme a su gusto,
por gozar a Betsabé
hicistes matar a Urías,
dándole el mismo papel
en que firmastes su muerte?
¡Esta buena fue, a la fe!
Pero también el profeta
os hizo en la causa juez
con el cuento, de la oveja,
y vos, con decir pequé,
templáis el arpa, y templastes
a Dios, que también lo fue,
aunque solo en tres clavijas
sus cuerdas mudas se ven:
quedad con Dios, y haced versos
pues que tan bien los hacéis,
que cantando a Dios, encantan,
que áspid de metal que fue,
pues tal la colgó de un palo
en su figura Moisés.
La sierpe del Paraíso

            fue al principio una mujer;
            Hércules puso en sus armas
            las que mató en su niñez;
            pero no cantéis pesares;
            cantad, David, de placer;
            que andamos de desengaño,
            aunque de duda nos veis.

(Vase.)

David           Nació una fuente clara y deleitosa,
                que, dividida en varios arroyuelos,
                daba a las aguas de los cielos celos,
                en cuyo manto su cristal reposa.
                   El lirio azul y la encarnada rosa
                le daba margen, matizando velos,
                y él a sus plantas, en torcidos hielos,
                humor por alma de su vida hermosa.
                   Pisóla un animal, bebió engañado,
                y como quedó turbia su corriente,
                ninguno la bebió sin ser manchado.
                   ¡Oh, gran desgracia! La primera fuente
                enturbiaron las plantas del pecado,
                por causa de mujer y de serpiente.

(Vase.)

(Salen el Pecado, la Soberbia y el Rigor.)

Pecado          Ninguno ha de pasar por este puente
                sin que deje firmado que es mi esclavo.

Soberbia        Alabo tu soberbia justamente,
                y en tus soldados el cuidado alabo.

| | |
|---|---|
| Pecado | ¡Que me persiga Dios eternamente!<br>¡Que hiciese una lahel, que con un clavo<br>me pasase la frente, en que se atreve<br>sobre mi ardiente Sol fijar su nieve!<br>¡Que digan que teniendo los despojos<br>de tanto rey y príncipes mortale,<br>me quiera dar con una niña enojos<br>derogando mis términos fatales!<br>Mas ¿qué mucho, si es niña de sus ojos,<br>a quien sirven los ojos celestiales,<br>el Sol de manto de inmortal pureza,<br>y el alba siendo toca a su firmeza?<br>  ¡Viven los cielos, si los cielos viven<br>para mí, pues he sido indigno dellos,<br>que si todas sus fuerzas aperciben,<br>tengo de hacer segunda guerra en ellos!<br>Y pues mi marca original reciben<br>cuantos nacen. por míos he de vellos,<br>pues, que de mí también marcados salen;<br>corra el Jordán, de que después se valen. |
| Soberbia |   Eso no apruebo en ti, que no quisiera<br>que de aqueste Jordán te consolaras,<br>y que en vidas humanas se dijera,<br>sino que dél y cielo blasfemaras. |
| Pecado | Ir a mi imperio y cetro consideras,<br>que es el mayor si en mi poder reparas,<br>pues todos cuantos nacen me obedecen. |
| Soberbia | ¿Qué honor después de que se van te ofrecen? |
| Pecado |   Dios, ¿no crió también de ángeles bellos |

ejércitos inmensos, de los cuales
Él mismo se consuela de tenellos,
aunque no sean en méritos iguales?
Pues si Dios se consuela de perdellos,
téngalos yo para menores males;
que aunque los laven cristalinos ríos,
no me podrán negar que fueron míos.
  Esta niña que sola me atormenta,
es la que agora me condena a llanto,
que dicen que pasó libre y exenta;
pero ¿quién, si no Dios, pudiera tanto?
¡Ah, transgresora de mi ley, sangrienta!
¿Hasta cuándo tu pie divino y santo
quebrará mi cabeza?

Soberbia  ¿Qué blasonas,
si humana vida a tu rigor pregonas?

Pecado  Llama al Género humano, imprime el nombre
deste Pecado original con fuego,
que el agua misma del bautismo asombre.

Soberbia  ¡Hola, ministros de mi centro ciego,
venga el Género humano!
(Dentro:) Allá va un hombre.

(Salen el Género Humano y el Rigor.)

Soberbia  Aquí al hombre, como pides, tienes.

Pecado  ¡Con qué ignorancia y desvergüenza vienes!

Género  Ya, Pecado original,
¿qué tengo yo que temerte,

>    si bien tan fiero y mortal,
>    si me libró de la muerte
>    aquella agua celestial?
>    Esta y el divino amor
>    me lavó de aquella mancha
>    que me dio el primer error.

Pecado

>    ¡Cómo el villano se ensancha!
>    ¿Qué te parece, Rigor?

Rigor

>    Que le aflijas y maltrates,
>    y que en él tus fuerzas pruebes
>    hasta que a palos le mates;
>    que los hierros le renueves,
>    y que tu imperio dilates;
>    haya un nuevo Faraón
>    que este Israel en prisión
>    mil siglos pueda tener,
>    ni plagas puedan hacer
>    que ablandes tu corazón.

Género

>    ¿Qué importa, Rigor, si cría
>    un Moisés que me defienda
>    y al mar del bautismo guía,
>    donde la gracia se extienda
>    lavando la culpa mía?
>    Pasará mi ser mortal
>    por canceles de cristal
>    en su arena a tus caballos;
>    carros, armas y vasallos
>    tendrán sepultura igual.

Pecado

>    ¿Hay desvergüenza más fiera?
>    Herrad de nuevo su cara,

               y a palos y a coces muera;
               vengan los hierros.

Género                    Repara
               que más que ese hierro, espera
                 un agua con que borrado
               quedará tan fácilmente
               mi error antiguo pasado,
               que la blanca nieve afrente.

Rigor              David le trae engañado.

Pecado            Vengan los hierros.

Rigor                        Ya acabo.

(Hiérranle la cara.)

Pecado            A ver qué dicen.

Rigor                      Esclavo
               del pecado original.

Pecado            Con esta marca imperial
               llevo mi potencia a cabo.

Rigor               Pecado, no importa nada;
               de poco puede servir
               tu letra y tu mano airada;
               que bien sé que es escribir
               sobre tabla barnizada.
                 Vendrá el agua pura y viva,
               y aquel soberano fuego
               que borrará cuanto escriba;

|          | que todo obedece luego
           | a la divina saliva.
           |     Oye el sordo y habla el mudo.

Pecado     | Uno por uno herraré
           | mis esclavos.

Género     |     Yo no dudo
           | que los hierres, pero sé
           | lo que su palabra pudo:
           |     Que en oyendo el efetá,
           | se han de abrir lengua y oídos.

Pecado     | En fin, ninguno podrá
           | alabarse, en los nacidos,
           | que sin mis hierros está.
           |     Después laven a placer;
           | que a fe que habrá que hacer:
           | ensanche Dios el Jordán.

Género     | Algunos se escaparán,
           | Pecado, de tu poder.

Pecado     |     ¿Quién en el mundo?

Género     |     Yo sé
           | uno que por pies se os fue.

Pecado     | Ni aun el niño, Job decía,
           | cuya vida es solo un día,
           | sin que en mi poder esté.

Género     |     Mira en aquel monte santo
           | al profeta Jeremías.

Pecado          De ver su rostro me espanto.

(En medio de un monte, en lo alto, se volverá una tramoya a modo de peña, donde aparezca sentado el profeta Jeremías, con su cabellera blanca y larga y barba larga, con baquero y ropa.)

Género          Ya se pasaron los días
de los trenos de su llanto:
 ¡Padre, sed testigo vos,
pues os santifica Dios
de vuestra madre en el vientre!

Pecado          Pues decidle que otro encuentre,
siquiera porque haya dos.

Jeremías         La poderosa mano
del inmenso Señor de cielo y tierra,
a quien resiste en vano
la bárbara torpeza que destierra
la carne que nos cubre,
en mí el poder de su valor descubre
 yo fui santificado
de mi madre en el vientre generoso,
y tres leguas criado
de la santa ciudad, centro dichoso
del mundo, aunque morada
de mis temores en la edad pasada.
 Principio di a mi llanto
desde muchacho tierno, en profecía
con sentimiento tanto
de su cautividad, que el alma mía,
con doblado martirio,
miraba opuesto del tirano Asirio.

            Después lloré a Judea,
       benjamín desigual a su rüina,
       para que el mundo crea
       que la ira de Dios fuerte y divina,
       aunque más se mitiga,
       si no se enmienda, al que avisó castiga.

(Desaparece.)

Género            ¿Estás contento agora
             deste testigo ilustre?

Pecado                         Ya te dije
             que poco se mejora
             esa probanza suya, aunque testigo
             que apedreó el Egito
             y en Dafnes yace muerto en su distrito.

Género            Su santidad famosa
             aprueba el ver que su sepulcro santo,
             y el jaspe de su losa,
             los áspides destierra con espanto
             del sacro mausoleo
             que enciende el aire con olor sabeo.
                Pero si te parece
             que no hace fe un testigo, atento mira
             adonde resplandece
             la viva luz que aquella casa aspira
             del Bautista divino.

Pecado       ¿De dónde agora a tu memoria vino?

Género            ¿No sabes que le dijo
             que las gentes, el ángel a su madre,

     harían regocijo
en su natividad? Pues hoy su padre
tiene su advertimiento,
de polo a polo el general contento.
   Mira a Isabel, su prima
de la niña que temes, y que el cielo
por sacra Reina estima,
y mira el niño, que pasando el velo
del vientre de su madre,
vio al Hijo eterno del eterno Padre.
   Advierte a Zacarías
cómo viene animando a los pastores,
para que en estos días
coronen de laureles y de flores
de su puerta las jambas,
por donde entraron las del cielo entrambas.
   Que María por ellas,
que fue en Ezequiel puerta divina,
entró pisando estrellas
como del Sol la aurora cristalina.
y el Niño, sacra rosa
en el regazo de su Madre hermosa

| | |
|---|---|
| Pecado | ¡Quién no tuviera ojos<br>por no mirar lo que mi pena ha sido! |
| Rigor | ¿Esto te cansa enojos? |
| Pecado | ¿No es gran dolor que Juan haya nacido<br>también santificado? |
| Género | Oye la fiesta, original Pecado. |

(Salen cantando y bailando, y pastores.)

(Cantan:) Y repiten las aves del verde bosque:
Si la gracia ha venido, Juan es su nombre.

Belardo　　Publíquense aquestas fiestas.

Pastor　　Ea, pues, Belardo, ponte
encima de aqueste risco,
y las fiestas se pregonen.

(Súbese a un monte.)

Belardo　　Selvas y bosques del mundo,
sabed que vino esta noche
un hombre en forma de ángel
y un ángel en forma de hombre:
Un hombre que a Dios ha visto,
y le adoró, y se conocen
antes de nacer los dos,
y antes que nadie los goce.
Un privado de su Rey,
que es ya, para más favores,
antes que Dios hombre nazca,
de su casa gentilhombre.
Un amante que le acecha
por dos canceles de flores,
uno estéril y otro virgen.
y fértiles desde entonces.

(Cantan:)

Género　　Corred, corred, pastores,
que ha venido la gracia de los amores.
Y repiten las aves del verde bosque:

**39**

                            Si la gracia ha venido, Juan es su nombre.

Belardo                     El profeta que esperaban
                            los siglos, viene conforme
                            a la esperanza divina.
                            dando a los desiertos voces.
                            El sobrescrito divino
                            de la carta de Dios hombre,
                            que por letra conocido,
                            cruz y forma reconoce.
                            El que ha de dar luz al Sol,
                            y ser arcos de colores,
                            que sobre su frente misma,
                            dando luz al Sol se opone.

(Cantan:)                   Y repiten las aves del verde bosque:
                            Si la gracia ha venido, Juan es su nombre.

(Salen pastores, y detrás Zacarías, padre de San Juan, vestido a lo judaico, traerá a san Juan en brazos o de la mano, vestido con pieles, y su cruz con su bandera, y la encomienda de san Juan, con alpargates y caballerica.)

Zacarías                    Hijo por mi bien nacido,
                            luz de mis ojos, que entonces
                            no conocí lengua y voz,
                            que diste tan altas voces.
                            Voz de Dios que te cortó
                            por verdad tan cierta Herodes,
                            que al preguntar el jüez,
                            que era verdad no responde.
                            Hoy cumples dichosos años,
                            y hoy día te reconocen
                            los bosques y estas selvas,
                            recibiéndote con flores.

|  |  |
|---|---|
|  | Ea, pastores amigos, celebrad todos conformes al varón santificado. |
| (Vase.) |  |
| Género | ¡Di agora que no lo oyes! |
| Pecado | Desesperado me voy: ¡Que éstos el mundo alboroten con que fue santificado! |
| Género | Allá vayas y no tornes. |
| (Vase.) |  |
| Rigor | Herodes te venga dél: Razón será que os enojen bailes; Bautista, guardaos de que la cabeza os corten. |
| Zacarías | Hijo, ¿dónde vais agora? |
| San Juan | Al desierto. |
| Zacarías | ¿A quién no rompe las entrañas esta voz? Porque esta voz es conforme a la que ha de predicar de penitencia a los hombres. |

(Cantan y bailan lo siguiente, y vuélvese a entrar Zacarías y san Juan de la mano, y los pastores y pastoras bailando con mucho regocijo.)

(Cantan:) Pastorcico nuevo de color de Dios,
aunque sois estrella, precéis al Sol

Fin de la primera jornada

## Jornada segunda

(Salen Santa Brígida y la Contemplación.)

Brígida
　　　　No puedo, eterno Señor,
　　　dejar de ser importuna,
　　　que como estoy a la Luna,
　　　me mata su resplandor:
　　　Della pretende mi amor
　　　saber si tanta pureza
　　　tuvo perpetua limpieza
　　　en algún tiempo menguante,
　　　aunque de oíllo se espante
　　　la misma naturaleza.
　　　　Naciendo santificados
　　　Jeremías y el Bautista,
　　　no hallo razón que resista,
　　　gran Señor, a mis cuidados:
　　　Si vuestros rayos dorados
　　　la honraron eternamente,
　　　¿cómo eclipse se consiente?
　　　¿O tiene jurisdicción
　　　la cabeza del dragón
　　　en la luz de aquel Oriente?
　　　　El espejo de inocencia.
　　　la purísima María,
　　　donde fue punto en un día
　　　toda vuestra omnipotencia,
　　　y ella la circunferencia
　　　con su vientre soberano,
　　　¿no tuvo de vuestra mano
　　　lo que otros santos tuvieron.
　　　y sus méritos vencieron
　　　a todo mérito humano?

La que al Autor de la vida
nos trujo, ¿muerta nació?
¿Tan gran lunar afeó
la Luna del Sol vestida?
En la estrella esclarecida,
del Sol limpia tramontana,
¿tocó la mancha villana
de la desdicha de Adán,
si a Jeremías y a Juan
libró tu luz soberana?

(Aparece un Ángel.)

Ángel    Brígida, de tus cuidados
los tiene tu Esposo eterno
advierte en lo que preguntas,
que este es su primer consuelo.
Tuvo mi Reina y Señora
las gracias y privilegios
que tuvieron otros santos.

Brígida    Paraninfo de los cielos,
escucha mis ignorancias.

Ángel    Prosigue tu santo intento,
y no tienes que dudar
de que se le concedieron
las gracias que son debidas
al mayor Santo del cielo.

Brígida    Dime, intérprete divino
del soberano silencio,
de qué manera obró Dios
este divino misterio

                de la santificación
                de la Virgen, que no entiendo:
                si fue como a Jeremías
                o al Bautista, que les dieron
                la gracia antes de nacer,
                o tuvo otro privilegio.

**Ángel**       Al profeta Jeremías
                se le dio el poder inmenso,
                como al niño en el bautismo,
                sin tener conocimiento.
                También al Santo Bautista,
                como a varón, conociendo
                a Dios, que le visitó
                dentro del virgíneo seno.
                Que en el aquel salto glorioso
                que dio en el claustro materno
                a la presencia de Cristo,
                fe y amor correspondieron
                para recibir la gracia;
                y a la Reina de los cielos
                acelerándola el uso
                de la razón, pudo a tiempo
                disponerla y prepararla
                a la gracia que la dieron.
                Esperó en su Dios, y amóle
                con amor y pecho tierno;
                mira cómo amará ahora
                quien lo comenzó tan presto.

**Brígida**     ¡Oh, gloria de los mortales!
                ¡Oh, soberano secreto!
                Contemplarte quiero.

Ángel                          Escucha
lo que le cantan los cielos.
(Dentro canten:)     Si cuando niña has amor,
¿qué harás cuando mayor?

Brígida             Aún me queda que dudar;
dime, santo mensajero,
¿el profeta Jeremías
y el santo Bautista, fueron
concebidos en pecado?

Ángel               Sí, Brígida, sí lo fueron,
porque a la naturaleza
había la gracia algún tiempo
de adelantarse.

Brígida                   ¡Ay de mí!
(Cúbrese.)         Ya, Virgen, no tengo ejemplo
de qué valerme: ¿qué haré?
¿Cayó la Virgen? No creo
que cayó, bien que la mano
debieron de darla luego.
Con razón Job maldecía
de la noche el manto negro.

Contemplación     Espera, no te congojes;
que es la Virgen sin ejemplo,
y más que una bendición
tuvo Dios para sus siervos.

(Vase.)

Brígida              Virgen del mar, estrella, Sol del mundo,
gloria del cielo, de los hombres vida,

puerta de Ezequiel esclarecida,
ejemplo sin primero ni segundo.
   Arca del Testamento más profundo,
jamás entre las aguas sumergida
del diluvio mortal; siempre vestida
de inmensa caridad, de amor profundo.
   Todos pecaron en Adán, Señora;
pero si fue también ley y estatuto
que muriese una vez el que ha nacido,
   hoy vive Elías, soberana aurora;
no paguéis vos el general tributo.
ni manche a Dios la culpa su vestido.

(Sale la Alegoría: es una mujer cubierto el rostro con un velo.)

| | |
|---|---|
| Alegoría | ¡Brígida! |
| Brígida | ¿Quién es? |
| Alegoría | Sosiega, no te turbe la luz mía; yo soy. |
| Brígida | ¿Quién? |
| Alegoría | La Alegoría, que a darte consuelo llega. |
| Brígida | Ya, señora, mis oídos a tu dulce voz inclinas. |
| Alegoría | Hay en las letras divinas, Brígida, muchos sentidos. La historia es lenguaje llano, |

        como cada paso al arte;
pero dejando esto aparte,
no se pase el tiempo en vano.
   Oye, Brígida, un secreto
a que alegre te convido.

Brígida
        Despertaré mi sentido,
aunque dél no me prometo
   que entienda.

Alegoría
               Pues el mayor
es una fiesta que quiero
hacerte.

Brígida
             La fiesta espero,
y hazme primero un favor.

Alegoría
        ¡Pide!

Brígida
              Que del rostro el velo
te quites.

Alegoría
              Soy conocida
por él; después de entendida
me le quitarás.

Brígida
                 Harélo.
¿Convidaré mis criados
y amigos?

Alegoría
              Seguramente;
haz que no falte un oyente;
que son votos extremados;
   llama, en tanto que descubro

        el secreto; verle has,
        y visto, me quitarás
        el velo con que me cubro.

(Vase.)

Brígida         ¡Cuidado, Contemplación,
Duda!

(Salen los tres.)

Duda         ¡Qué priesa nos das!
Entretenernos querrás
con seis horas de oración.

Brígida         Antes, hijos, os convido
a una fiesta milagrosa.

Cuidado     ¿Fiesta aquí?

Brígida         Maravillosa;
pero en diverso sentido,
  sentaos, que hoy habéis de ver,
pues cuidadosos andáis,
lo que todos deseáis,
y lo que espero entender.

Contemplación     Yo, Brígida, por mi parte.
seré tu contemplación.

Duda     Yo tus dudas, porque son
principios de mejorarte.

Cuidado     Yo tu cuidado, que al fin

|            | te dejaré sin fastidio. |
|---|---|
| Brígida | El entendimiento envidio
del más alto serafín. |

(Siéntense y salen los músicos.)

(Cantan:)  Reinando el invicto Asuero
desde Etiopía a la India,
obedecido de ciento
y veinte y siete provincias,
de su imperio, el tercer año
estando en su asiento un día,
a sus príncipes y grandes,
persas y medos, convida.
Llamó a la hermosa Vastí,
su mujer, porque quería
que viesen los convidados
las prendas que más quería.
Inobediente a su esposo
y obediente a sus desdichas,
no le obedece la Reina,
y el Rey del reino la priva.

(Vanse.)

| Cuidado | Del rey Asuero iban cantado;
¿qué tiene aquesto que ver
con lo que quieres saber? |
|---|---|
| Contemplación | ¡Mucho, con callar, Cuidado! |
| Duda | ¿Quién es aquéste que sale? |

(Sale el Tiempo a echar la loa.)

| | |
|---|---|
| Cuidado | Este es el Tiempo. |
| Duda | ¿El Tiempo es éste? ¡Qué hará<br>de pedir aguas y soles! |
| Cuidado | El Tiempo a todos socorre;<br>con eso va todo ya,<br>que es lástima. |
| Contemplación | ¿De qué modo? |
| Duda | Perdido a remate todo. |
| Cuidado | No va, Duda, ya lo está. |
| Contemplación | Dejalde hablar; que parece<br>que queréis darle vejamen. |
| Brígida | Mas ¿qué aguardáis, que me llamen? |
| Duda | Diga; silencio merece. |
| Cuidado | ¿Es esto por pasatiempo? |
| Brígida | Sí, mas no consideráis<br>que mientras del Tiempo habláis<br>se os está pasando el tiempo. |
| Tiempo | Fue, Duda, de mucha gente. |
| Duda | Por mi duda ha comenzado. |

Tiempo

Saber si el tiempo pasado
fue mejor que no el presente.
   Y si en estas disensiones
constituyeron por juez
al mismo Tiempo, esta vez
nos sacará de cuestiones.
   Allá en mis principios fui
dividido en cuatro edades,
en que tantas variedades
han llovido sobre mí.
   Nombre de la Edad de Oro
tuvo mi primera edad;
perdone la antigüedad
y su sagrado decoro.
   Abre, pues, sagrada Esposa,
del alma los ojos bellos,
darás alcance con ellos
a tu duda cuidadosa.
   Oye atenta: entenderás
misterios de gloria llenos,
porque Dios no diera menos
al alma que quiso más.

(Vase.)

Brígida
   ¿Hay tan notable favor?

Cuidado
   El Tiempo ha llegado a tiempo.

Duda
   Yo he notado...

Cuidado
        ¿Qué?

Duda
             Que el Tiempo

|                | se ha hecho grande hablador. |
|---|---|
|                | Haced que no se le abra |
|                | la puerta. |

| Contemplación | Engañóte el nombre; |
|---|---|
|                | que en este tiempo no hay hombre |
|                | que ose hablar una palabra. |

| Duda | La fiesta comienza ya; |
|---|---|
|      | estad atentos los tres. |

| Cuidado | Como tú, Duda, lo estés, |
|---|---|
|         | nadie palabra dirá. |

(Tocan chirimías, y salen el rey Asuero y Amán, bizarros, y gente de acompañamiento.)

| Asuero | Quedo advertido, Amán, de lo que agora |
|---|---|
|        | quisieres proponerme. |

| Amán | Ya olvidada |
|---|---|
|      | de tu grandeza, ioh Rey! que Persia adora, |
|      | una canalla vil, gente obstinada, |
|      | que no la mira la rosada aurora, |
|      | ni la parte del mundo celebrada, |
|      | más libre, más feroz y más exenta |
|      | en las provincias que por suyas cuenta; |
|      | Nabucodonosor, Rey tan famoso |
|      | de la ciudad de Nino, haciendo guerra |
|      | a Judea y Samaria victorioso, |
|      | gran parte della trasladó a su tierra: |
|      | su número infeliz creció dichoso |
|      | por todo lo que su distrito encierra; |
|      | no son dignos, señor, de las ciudades |

       que gobiernan entrambas Majestades.
    A muerte, como es justo, los condenas:
asegura, señor, tu Real corona;
viertan la sangre las traidoras venas
del hebreo feroz que te baldona;
sientan de tu rigor las justas penas,
sin que dellos se libre una persona,
y si pierdes tributo por perdellos,
diez mil talentos te daré por ellos.

**Asuero**       Amán, este es mi gusto, aquéste toma,
y haz dellos a tu gusto, y los talentos
guárdalos para ti, que estoy seguro
que procuras el bien de mis Estados,
que solicitas su dichoso aumento,
y que empleas tus fuerzas en servirme
industrioso, leal, prudente y firme.
    Haz de esa gente lo que tú quisieres;
vivan o mueran por tu gusto solo.

**Amán**       Prospere el cielo, gran señor, tu vida,
sin que la muerte y tiempo te lo impida,
y del resto del mundo que te falta,
te dé tan presto posesión tan justa,
cuanto merece tu persona augusta.
    Estimo y reconozco que dirijas
a solo tu servicio mis aumentos,
que el alto y gran lugar en que me pones,
debo estimar, señor, por mil razones.

**Asuero**       Yo sé lo que mereces, y te estimo
por primero en mi casa, y mi persona
te confiesa deber, cetro y corona.
    Honrarte quiero, Amán, y que mi trono

|   |   |
|---|---|
|   | en solo un grado se aventaje al tuyo. |
| Amán | De esa grandeza tu valor arguyo. |

(Vase el Rey.)

|   |   |
|---|---|
| Arsindo | Vengádote has del arrope hebreo. |
| Amán | No he podido tomar mayor venganza, como no se ejecute mi deseo, que aflige diferida la esperanza: ¡que no se me sujete Mardoqueo, ni apenas su persona haga mudanza a mi grandeza cuando ve que paso ni muda el cuerpo, ni apresura el paso! ¡Que un esclavillo vil no me respete, que no me tenga en nada siendo menos! |
| Arsindo | Despacha de tu letra lo acordado. |
| Amán | Hoy haré que por todas las provincias Se despachen, Arsindo, provisiones para que mueran todos en un día: trece del mes de Agar quiero que sea; no se perdone desde el tierno, infante hasta el viejo decrépito, ni tenga el acero, piedad de la hermosura, aunque tiemble al herir la mano dura. |
| Arsindo | Así te vengarás de tu enemigo. |
| Amán | Merece la soberbia tal castigo. |

(Vanse los dos.)

| | |
|---|---|
| Duda | Esta representación
es otra crueldad de Herodes. |
| Contemplación | Bien es que se la acomodes,
que es buena comparación.
   Y pues que hay niños aquí,
que por tragedia la cuentes
de otros tantos inocentes. |
| Cuidado | No ha de suceder ansí. |
| Duda |    Cuando a César le contaron
que mató Herodes impío
sus hijos, siendo judío,
que nunca puerco mataron:
   «En casa de Herodes —dijo—
aunque reina el interés,
harto mejor pienso que es.
ser puerco del Rey, que hijo.»
   Mas, por mi vida, que Asuero
representaba muy bien. |
| Cuidado | ¿Y no el Amán? |
| Duda | Sí, también,
y con semblante severo. |
| Contemplación |    Escuchad, que viene Ester
lindamente aderezada,
de la corona adornada,
porque se deja entender
   que es la mujer la corona
   del varón. |

| | |
|---|---|
| Brígida | Bien está en ella, que fue virtuosa y bella. |

(Salen Ester y Celsa, dama, y un criado.)

| | |
|---|---|
| Duda | ¡Oh, qué extremada persona! |
| Contemplación | Gran contento me da a mí de que repudiase Asuero a la que quiso primero. |
| Cuidado | ¿Quién fue? |
| Contemplación | La reina Vastí. |
| Ester | Tan triste Mardoqueo, que todo su valor desautoriza. |
| Criado | Su honrada frente veo cubierta, Reina hermosa, de ceniza, y en vez de su vestido, un lazo pardo alrededor ceñido. La ropa tan costosa que le enviaste ayer de aquel brocado, guarnecida y preciosa, bordada en perlas de uno y otro lado, despreció libremente: la púrpura arrojó, no la consiente. |
| Ester | Parte luego, y pregunta de su dolor la causa. |
| Criado | Ya he sabido |

|  |  |
|---|---|
|  | lo que su pena junta. |
| Brígida | A tierno sentimiento me ha movido. |
| Duda | ¡Qué bien pintó el poeta<br>mudo el silencio y ocasión secreta! |
| Criado |    Es la causa, señora<br>que ayer se publicó un edicto fiero<br>contra tu gente: llora<br>de ver que todos mueren. |
| Ester |                    Y yo muero:<br>¡Qué riguroso edito!<br>¡Parece que con sangre le han escrito! |
| Criado |    Ruégate Mardoqueo<br>que hables al Rey y que piedad le pidas. |
| Ester | Harélo, si los veo<br>en peligro tan fiero de las vidas;<br>que no es bien que mi gente<br>en peligro se vea tan urgente.<br>   Mas ha ya treinta días<br>que no me ha visto el Rey, y estoy dudosa:<br>las humildades mías<br>merecieron llegar a ser su esposa;<br>mas poco amor se llama<br>el que puede pasar sin lo que ama.<br>   Ni sé si ya me quiere,<br>ni si el amor me tiene que solía,<br>pues que dello se infiere<br>pasar, no treinta, no, ni un solo día,<br>sin el amado objeto; |

                        si la causa cesó, cese el efeto.

Criado                  Bien sabes que te adora.

Ester                   Tengo, amigo, a sus leyes justo miedo,
                        que a su presencia agora
                        nadie puede llegar, ni llegar puedo;
                        que es terrible sentencia
                        querer hablarle sin tener licencia.
                           Tiene pena de muerte,
                        si el Rey no extiende en él su cetro de oro,
                        quien llega a verle. Mis desdichas lloro,
                        si me quita la vida
                        primero, amigo, que las otras pida.
                           De mi poco respeto
                        ofendido, mi esposo, hará matarme;
                        mas hablarle prometo,
                        aunque a la muerte vaya a aventurarme.

(Vanse.)

Criado                  Yo espero en Dios, señora,
                        que has de ser de tu pueblo redentora.

Brígida                 ¿Qué quiere aquesto decir?

Contemplación           No, más del caso de Ester.

Brígida                 Pues ¿qué tengo de entender?

Duda                    Mucho, con callar y oír.
                           Deja que Ester al Rey vaya,
                        a quien tan dudosa vi;
                        porque argumentos aquí

es llevar hierro a Vizcaya.

(Salen Asuero y Amán con el cetro del Rey, siéntese en un trono, y Amán más bajo.)

Amán            Con tu sello Real se apercibieron
                las cartas para todas las provincias.

Asuero          Ya te he dicho que todo lo remito
                a tu querer; entréguesete el pueblo;
                será inviolable ley tu gusto solo.

(Sale Ester muy temerosa, y una criada con la falda.)

Asuero          ¿Quién es la que se aventura
                contra mi ley, y entra agora
                sin mi licencia?

Amán                        Señor,
                Ester, tu querida esposa.

Ester           ¡Ay, que el Rey me mira airado!

Criada          No temas, llega, señora.

Brígida         ¡Con qué miedo llega Ester!
                Parécele que la hora
                es de su muerte llegada.

Contemplación   Si la ley no se deroga,
                que es decreto general,
                yo temo su muerte.

(Va Ester hacia el trono y hace tres reverencias, y a la postrera se desmaya, y salta el Rey del trono y tiénela en los brazos, y éste se desmaya.)

Asuero  ¡Esposa!

Duda  ¡Que ha caído Ester, Cuidado!

Cuidado  Iba a caer, pero dióla
la mano el Rey.

(Sale la Alegoría.)

Alegoría  Si por dicha
has entendido la historia,
ella responda por mí.

Brígida  Pues perdona, dama hermosa,
que quiero quitarte el velo.
(Quítala el velo.)  Venciste mis dudas todas:
ya entiendo lo que dudaba.
¡Oh, hermosa Reina! ¡Oh, Señora
del cielo! ¡Oh, Virgen, de quien
hoy ha sido Ester la sombra!
Fuistes a caer, y el Rey,
desde su trono de gloria,
bajó a teneros, de un salto
que salvó la tierra toda.
Llena de gracia os dejó,
siempre limpia, siempre hermosa;
el que os quiso para Madre,
os preservó: denle gloria
los cielos. ¡Virgen divina,
desta ley excepción sola,
entre los brazos de Dios

					os contemplo, dulce Esposa!
					Salid, de amor y alegría,
					ioh, lágrimas venturosas!
					y bañad mi rostro, en tanto
					que el de Ester menudo aljófar.
					¡Oh, Virgen santa! ¡Aquel punto
					quede siempre en mi memoria
					de tu limpia Concepción!

Contemplación		¡De puro contento llora!

Brígida			¿Cómo pagará tributo
					la tierra que entre mil rosas
					produjo al gran Sacerdote,
					pues en Egipto, Señora,
					la tierra sacerdotal
					no consiente se le imponga,
					ni le paga a Faraón,
					pagando las tierras todas?

Asuero			   ¡Ay, dulce esposa mía!
					¿Por qué medrosas truecas
					tus encarnadas rosas
					en blancas azucenas?
					¿Por qué te me desmayas?
					¿Por qué temblando llegas,
					si sabes que los brazos
					de mi poder te cercan?
					De tu desconfianza
					formara dulces quejas;
					pero es amor humilde;
					temer quien ama es fuerza.

Ester			Temí tu ley, Rey mío,

y viendo tu grandeza,
caer pensé a tus plantas;
faltáronme las fuerzas.
Las de tu excelsa mano,
que solo tú pudieras,
me tuvieron en alto
por tu Rëal clemencia.
Susténtanme tus brazos,
que tu invencible diestra
a la humildad ensalza,
y humilla a la soberbia.

Asuero  ¡Oh, como eres hermosa,
toda graciosa y bella,
no hay en ti mancha alguna!

Contemplación  ¡Qué dulce la requiebra!

Asuero  Tus ojos de paloma,
tu mansedumbre muestran;
tus cabellos, que el Sol
para rayos quisiera,
parecen a las cabras,
que iguales lanas peinan,
subiendo por las cumbres
y verdes asperezas
del monte Galaad,
pirámides de yerba:
¡Oh, qué venda de grana
tus labios hermosea!
¡Qué púrpura de Tiro
tu dulce aliento cerca!
La torre de David
tu cuello representa,

inexpugnable alcázar
fundado en mi defensa,
de cuyos homenajes,
por las orillas cuelgan
mil dorados escudos,
mil aceredas piezas;
si en los del Macabeo,
que el rubio Sol alegran,
bordan de luz los montes,
los tuyos las estrellas:
dos tiernos cabritillos
tus pechos son, que juegan
entre lirios azules
y cárdenas violetas,
hasta que caiga el día,
y por la tarde fresca,
las inclinadas sombras
sus luces oscurezcan:
Ven, pues, esposa mía;
pondréte en la cabeza
una corona de oro
que al Sol en rayos venza:
la de Amaná y Hermón,
y de Saín, te espera;
y el Líbano sus palmas
humilla a tu grandeza:
ven, reina a coronarte
de las ocultas cuevas
de pardos y leones
que tus Reales puertas
a todas horas guardan;
y hay quien te ronda y vela
con más abiertos ojos:
¡Tan cierta es tu defensa!

| | |
|---|---|
| Ester | Aquí tienes tu esclava. |
| Asuero | Solo de tu cabeza<br>un cabello me prende,<br>solo una niña bella<br>de tus ojos, me tira<br>enamoradas flechas. |
| Ester | Señor, dijo la ley<br>que nadie a tu presencia<br>entre sin gusto tuyo,<br>o que si entrare, muera. |
| Asuero | Las leyes, dulce esposa,<br>exceptan a las reinas;<br>ésta por ti no ha sido,<br>sino por todos puesta. |

(Vanse.)

| | |
|---|---|
| Contemplación | No sé qué mejores modos,<br>Brígida, pudiera haber<br>para dártelo a entender. |
| Brígida | No por ti, sino, por todos.<br>¿Hay ventura semejante?<br>¿Hay dicha como la mía? |
| Contemplación | Ya la Duda no porfía. |
| Duda | No hallo cosa repugnante,<br>puesto que una se me ofrece:<br>si fue como esta caída |

                    la de la Virgen sagrada,
                    tan a tiempo preservada,
                    bien pudo ser redimida,
                       que el que dijo cautiverio,
                    dijo esclavo; si no, dime:
                    ¿quién vio, pues, que se redime
                    donde no hubo cautiverio?

Contemplación         ¿No has leído que intentaba
                    un filisteo estrenar
                    la espada en David, y al dar
                    el golpe con furia brava,
                    en medio se atravesó
                    y previno a Abisaí?
                    Pues David confiesa allí
                    lo que Labán confesó.
                       Redimir es dar salud;
                    pues di, ¿qué quieres dudar?
                    ¿Caso que no ha de faltar
                    por ser todo de virtud?

Brígida               De duda entiendo que sales;
                    admira la prevención;
                    que tan alta redención
                    es de personas Reales.
                       De suerte que de mil modos
                    podéis decir, Virgen, vos,
                    pues así os excepta Dios:
                    no por mí, sino por todos.

(Vanse la Santa y la Contemplación.)

Duda                  ¡Oh, qué divina alegría!
                    ¡Oh, qué suceso tan raro!

Ya no soy Duda, ni quiero;
llámenme ya Desengaño,
nadie me llame la Duda;
que no dudaré, si alcanzo
un leño hacerme Golías,
que tenga manchego el brazo.
Desde agora se lo digo
que el Desengaño me llamo:
¡Vítor la Virgen divina!
¡Vítor mil veces!

(Sale el Pecado.)

| | |
|---|---|
| Pecado | ¡Villano! ¿Qué es aquesto? |
| Duda | ¿Qué ha de ser pues que me ha estado escuchando, sino que ayer era Duda, y hoy me vuelvo Desengaño? |
| Pecado | Pues ¿quién ha sido tu Ovidio? |
| Duda | ¡Pardiez! Señor licenciado, la Piedad y la Razón en esto me transformaron. |
| Pecado | Pues, Duda, ¿no eres tú mía? |
| Duda | ¿Quién sois vos, señor hidalgo? |
| Pecado | ¿Al Pecado no conoces? |
| Duda | Habló por boca de ganso: |

|El Pecado! Linda cosa,
¿no le dice con empacho?
¡Qué apellido solariego,
montañés o guipuzcoano!

Pecado   Si dicen que el más antiguo
es el mayor hijodalgo,
¿quién más antiguo que yo?
¿No se sabe que pecaron,
luego al principio del mundo,
Duda, sus dos protoplastos?

Duda   Protoplasto o protonecio,
idos a hablar al establo,
y no os metáis con la Virgen;
que os daré doscientos palos;
que a la llaga que sabéis,
ya Dios le puso un emplasto,
lavóla en vino y aceite,
como buen Samaritano.
Y a vos, sierpe, que la hicistes
con un leño de dos manos
os igualó las costillas
y el cogote a garrotazos.
Escuchad: ¿de qué os reís?
¿No sabéis que un gran soldado,
mofador del pueblo hebreo,
y vuestro gran paniaguado,
saliendo enojado un día
con David lidiando al campo,
con su zurrón pastoril
y su cavado en la mano,
le dijo:
«Niño, ¿soy perro que me amenazas con palo?»

　　　　　　　Pues mirad cómo le fue,
　　　　　　　que el pastor tuvo buen brazo,
　　　　　　　y a dos por tres, en la frente
　　　　　　　le clavó un gentil guijarro;
　　　　　　　que al pasar un limpio arroyo,
　　　　　　　apañó cinco callando:
　　　　　　　del arroyo los cogió,
　　　　　　　porque para vos, Pecado,
　　　　　　　el agua es bravo elemento,
　　　　　　　preguntádselo a los carros
　　　　　　　del soberbio Faraón,
　　　　　　　que al agua aprisa se echaron;
　　　　　　　pero volvió el mar sobre ellos
　　　　　　　con olas como peñascos.

Pecado　　　¡Qué grande hablador te has hecho!

Duda　　　　Aquí os duele. Qué, ¿enojaisos
　　　　　　　porque os tiré cinco piedras?
　　　　　　　pues otra tengo en la mano.
　　　　　　　¿No conocéis a la Virgen,
　　　　　　　concebida sin resabio
　　　　　　　del pecado original?

Pecado　　　Mucho te vas despeñando.

Duda　　　　Vos sois el que os despeñáis;
　　　　　　　que caísteis de tan alto,
　　　　　　　que yo digo que lo oí,
　　　　　　　y aun juro que revelaron
　　　　　　　a Brígida mi señora…

Pecado　　　¿Qué le han dicho?

| | |
|---|---|
| Duda | ¿Qué? Que cuando  
nació la divina Virgen  
os tuvieron bien atado,  
y no pudistes mordella. |
| Pecado | Yo haré que por muchos años  
se sepulte esa verdad,  
aunque agora peno y rabio. |
| Duda | Una vez, en un librito  
leí que un hombre encantado,  
solo por el pie podía  
ser herido. |
| Pecado | ¡Muero, rabio! |
| Duda | Aplico, y digo: vos siempre  
estuvistes acechando  
a todos cuantos nacieron  
desde aquel principio errados:  
por el suyo Adán nació  
de cabeza; que el pecado,  
fue pecado de cabeza,  
y por eso le heredaron:  
pues como siempre nacían  
pies arriba, boca abajo,  
íbades a los talones  
a morder a vuestro salvo.  
Nació esta Niña de pies,  
que fue el incendio más claro  
de su dicha y de la nuestra,  
y estuvistes esperando  
si de cabeza nacía,  
y con el pie os ha quebrado |

|          | la vuestra, que ya tenéis
como, granada los cascos. |
|----------|---|
| Pecado   | Voyme al infierno. |
| Duda     | Acertáis,<br>si tenéis allá algún cuarto<br>que sea de invierno caliente,<br>y sea fresco de verano.<br>¡Vítor la Virgen, señores,<br>concebida sin pecado! |

Fin de la segunda jornada

## Jornada tercera

(Salen la Piedad y la Fama.)

| | |
|---|---|
| Piedad | Este ha de ser el pregón. |
| Fama | Luego oí que me llamabas. |
| Piedad | Perdona, Fama, si estabas<br>en mayor ocupación. |
| Fama | Ninguna lo puede ser<br>como servirte, Piedad. |
| Piedad | Conozco tu voluntad. |
| Fama | Nunca me falta qué hacer.<br>   Que, en efecto, soy la Fama;<br>mas para servirte a ti,<br>nadie puede tanto en mí<br>ni así me provoca y llama.<br>   Cuando hay un caso cruel,<br>de mala gana le llevo<br>por el mundo, y no me atrevo<br>para dilatarme en él.<br>   Pero si es piadoso hecho,<br>le doy en dulces despojos<br>lengua y trompas a los ojos,<br>la voz, el alma y el pecho. |
| Piedad | No menos favor aguardo<br>de tu luz, que al Sol aspira. |
| Fama | Cuéntame lo que es, y mira |

    que de mí dijo Bernardo,
     que yo más ilustre hacía
    la virtud, aunque no soy
    profeta santo, que doy
    ejemplos en este día.

Piedad    Agustino, cruel llamó
    quien menosprecia su fama;
    monstruo otro sabio le llama.

Fama    Altamente me pintó
     Virgilio; pero ¿qué quieres,
    pues mi ligereza sabes?

Piedad    Que hoy, excediendo las aves,
    el orbe terrestre alteres
     con lo que aquí te diré:
    llega al oído.

Fama        Ya escucho.

(Sale el Pecado.)

Pecado    Ya mi sufrimiento es mucho;
    pero ¿cuándo no lo fue?
     De puro sufrir, no siento;
    infierno, sufridme vos;
    que ya, de sufrir a Dios,
    tengo muerto el sufrimiento;
     porque me quiere quitar
    Dios a mí la posesión,
    con razón o sin razón,
    como la quiere evitar.
     Agora quiere que haya,

|           | con piadosas opiniones, |
|---|---|
|           | quien por mis jurisdicciones |
|           | con vara tan alta vaya. |
|           |    Yo no puedo prescribir; |
|           | que con buena fe poseo. |

Piedad         Que esto publiques deseo.

Fama          Piedad, bien te puedes ir,
                  que ya tu pía opinión
                correrá el mundo.

Piedad                       Ese vuelo
                alegrará tierra y cielo.

(Vase.)

Pecado        Estos mis contrarios son.
                ¿Qué habrá dicho la Piedad
                a la Fama? Soy Pecado,
                pues veo que siempre ha dado
                sospechas, a mi maldad.
                  Pero ¿qué mucho, si es
                vara de almendro florido,
                vara de Aarón, que ha tenido
                mi encantamiento a sus pies,
                  pues no lo quiero sufrir?
(Tocan una trompeta.)      ¿Qué es esto? ¡Trompetas son!
                Sin duda es Real pregón;
                desde aquí le quiero oír.

Fama            Oíd, mortales que habitáis el mundo,
                la voz sonora de la dulce Fama,
                por todo lo que cerca el mar profundo,

y calienta del Sol la viva llama:
Europa, escucha; que en tu nombre fundo
la mejor parte que hoy el tiempo aclama,
la menor de las partes de la tierra,
pero la más antigua en paz y en guerra;
   oye, Italia, en quien reina laureada
la cabeza del mundo, y luego atiende,
en medio de los trópicos fundada,
África, adonde el Sol más vivo enciende;
Cartago, a Roma pertinaz y honrada
por la defensa que tu nombre ofende,
oye mi voz; y admire el nuevo estilo
las siete bocas del egipcio Nilo;
   Asia, mayor que todas, que tuviste
un tiempo a Roma por cabeza hermosa;
tú, que tanta materia a mi voz diste,
óyela agora en opinión piadosa;
América, que un tiempo te añadiste
por la opinión antigua fabulosa,
pues de blasones de Hércules distinto
te dio nuevas columnas Carlos quinto;
   oye el pregón que la Piedad cristiana
me manda publicar por todo el orbe,
desde la más remota parte indiana,
pintados arcos flechadora encorve;
ningún rumor, ni ociosidad humana,
últimos ecos a mi acento estorbe,
ni deje de tener tan advertido
el celo a la Piedad, como el oído.
   A la pía opinión de que María,
del mundo claro honor, cielo admirado,
fue concebida aquel ilustre día
sin mancha vil de original pecado,
fiestas ordena el cielo, y de alegría

le presta sus estrellas el dorado
manto del cielo, haciendo luminarias
a las torres del mundo en partes varias.
　　Este pregón se da, porque a noticia
venga de todos la opinión piadosa
que ha dado hasta a los ángeles codicia
de venir a servir su Reina hermosa;
servirla cielo y tierra es de justicia;
a entrambos les honró con olorosa
suavidad, con que trujo a Dios al suelo
y al hombre puro en lo mejor del cielo.

(Vuele arriba.)

Pecado　　　　Escucha, espera, detente;
oye, Fama, enfrena el vuelo;
no rasgues nubes al cielo
con vuelo tan diligente;
que alborotas vanamente
las cuatro partes del mundo,
hecha Faetón sin segundo
que vuela tan diligente,
dando nuevas a la gente
de la pena en que me fundo.

(Sale Alemania: es un hombre vestido de alemán.)

Alemania　　　　A la fama del pregón
que en Alemania se ha dado,
vengo a saber con cuidado
adónde las fiestas son;
　que la limpia Concepción
de aquella Niña divina,
el más duro pecho inclina

|  |  |
|---|---|
|  | a piadosa devoción.<br>    Aquí me dirá mejor<br>este gentilhombre el caso. |
| Pecado | Las desventuras que paso<br>dirán el de mi dolor. |
| Alemania | ¡Ah, caballero! |
| Pecado |                   Ya fui<br>algún tiempo caballero. |
| Alemania | ¿Habéis a la Fama oído<br>las nuevas del buen suceso<br>desta pía devoción,<br>en que es la Reina del cielo<br>concebida sin pecado<br>por universal acuerdo?<br>¿Si está cerca la ciudad? |
| Pecado | No pienso que está muy lejos;<br>echad a la mano izquierda<br>hasta la cruz de un repecho;<br>pero no vais por allí;<br>pues avisaros pretendo<br>que está la ciudad de Augusta,<br>con las fiestas que se han hecho,<br>llena de varias naciones. |
| Alemania | Vos no me entendéis. |
| Pecado (Aparte.) |                   (Ni aun quiero entender.) |

| | |
|---|---|
| Alemania | ¿No respondéis? |
| Pecado | ¿No decís si está sujeto<br>este reino de Suecia,<br>con otro, germanos reinos,<br>a la Casa de Austria? Sí. |
| Alemania | Él es sordo, yo le dejo;<br>¿cómo os llamáis? |
| Pecado | El Pecado. |
| Alemania | Luego ¿se dijo por eso<br>que el Pecado fuese sordo? |
| Pecado | Sordo soy cuando no quiero<br>oír lo que me está mal. |
| Alemania | ¿De dónde sois? |
| Pecado | Del infierno. |
| Alemania | Bien sé que sois su vecino;<br>pero vuestro nacimiento<br>algunos dicen que fue<br>en el campo damasceno,<br>en un verde Paraíso<br>que muchos santos quisieron<br>ver con sus ojos mortales. |
| Pecado | Así es verdad. |
| Alemania | En fin, esto<br>de la Virgen, ¿no queréis |

|            | escucharlo? |
|---|---|
| Pecado | Yo prometo,
Niña divina, de hacer,
mientras os celebra el suelo,
tanto sentimiento y llanto,
que exceda mi sentimiento
a las fiestas de los hombres;
y pues morderos no puedo
ese victorioso pie
que en la frente me habéis puesto,
morderé el suelo, y haré
locuras; pero ¿qué intento,
si soy aquel Leviatán,
y sobre el pasado freno
me añaden este bocado
contra el bocado primero? |

(Vase.)

| Alemania | Amenazando la tierra
se parte el fiero dragón. |
|---|---|

(Sale Francia.)

| Francia | ¿Qué católica nación
de cuantas el mundo encierra
no hará fiestas este día?
¡Ah, caballero! |
|---|---|
| Alemania | ¿Quién es?
Aunque el hábito francés,
gentileza y gallardía
dicen quién sois. |

Francia             Yo soy Francia.

Alemania       Yo Alemania.

Francia                 Bien sabréis,
si a Brígida en vos tenéis,
nuevas de tanta importancia
   como la Fama pregona.

Alemania       Bien lo oí, pero no sé
lo que desde hoy se ve
por toda aquesta Corona.

(Sale España con corona.)

España            En la gloria dichosa
de aqueste alegre y venturoso día,
España belicosa,
por cuanto dilató tu Monarquía,
ofrece humildemente
hasta el laurel de tu temida frente.
   No habrá nación ninguna
que a mis fiestas iguale, Virgen bella,
Más que la blanca Luna
y el Sol del alba, tramontana estrella;
que a nadie importa tanto
la estimación de vuestro nombre santo.

Francia           ¿Quién es aquesta dama
coronada de flores la cabeza,
digna de eterna fama?

España         España soy, que quiere a su grandeza

|            | añadir este día;
             esclava soy del nombre de María.

Francia      Aquí dichosa España,
             tienes a Francia.

Alemania           Aquí a Alemania tienes,
             que siempre te acompaña
             a celebrar de tu valor los bienes.

España       Esta opinión piadosa
             más rica me ha de hacer y más hermosa.
                Dadme los brazos vuestros,
             pues que tal parentesco nos enlaza.

Alemania     Los venturosos nuestros,
             estrechamente, España ilustre, abraza.

España       En fin, ¿estáis dispuestas
             a celebrar conmigo grandes fiestas?

Francia         Las dos, con tu licencia.
             vamos a convocar nuestras naciones

Alemania     Ulma tiene opulencia.

Francia      Corta será, si con París la pones.
             Porque tuvo primero
             esa opinión, la estimo y la prefiero.

España          Partid, provincias bellas;
             partid a celebrar fiesta tan justa.

Alemania     Si estuvieras en ellas,

|||vieras las que hace la famosa Augusta.

Francia
Y si en París te hallaras,
solo a tu devoción las igualaras.

(Vanse las dos.)

España
    Pasad, tiempos venturosos,
pues con vuestros pies ligeros
corréis por la posta en siglos
y por la edad en aumentos.
Pasad, años; pasad, lustros
y olimpíadas corriendo,
hasta llegar a la edad
del gran Filipo tercero,
de aquel santo defensor
de la Iglesia, en quien ha puesto
el cielo opinión tan santa
por tantos ilustres hechos.
Pasó el tiempo volador;
en sus alas llegó el tiempo;
con razón dijo Agustino:
en mi pensamiento vuelo;
ésta es mi tierra, llegué
en las alas del deseo;
éste es el más español,
por su defensa soberbio.
Ya dividido en tres partes,
su forma desde hoy contemplo:
allí la gran Lusitania,
entre Guadiana y Duero;
allí, con sus tres coronas,
Aragón; allí los reinos
de Jaén y de Granada,

con el andaluz imperio,
hasta donde abrió Colón
las puertas del Mundo Nuevo;
ya los montes Marianos
se muestran verdes, corriendo
hasta el mar; ya se levantan
los nevados Pirineos,
donde se acaba Navarra,
y el mar de Vizcaya, opuesto
a Francia, tiene principio.
¡Oh, Castilla!, ¡Oh, gran Toledo!
¡Oh, ilustre Valladolid!
Pero, ¿por qué me detengo,
ínclita ciudad famosa,
favorecida del cielo,
Real Universidad,
madre de tantos ingenios,
que has dado tantos Catones
a los Reales consejos
del soberano Filipo,
y a tantas grandezas dueños?
¡Famosa Universidad,
Salve, luz del Evangelio,
celebrada en todo, el mundo
con razón!

(Sale la Universidad de Salamanca, muy bizarra en el tocado cinco plumas, cada una de su color, que son sus armas.)

Universidad        Contenta llego,
invictísima Señora,
reina de tan grande imperio,
que por tierras de Filipo,
sin mar, sin ajeno puerto,

se puede dar vuelta al mundo
a tus voces y requiebros,
que enamorada de oírlos.
a darte mis brazos vengo.

España

Universidad famosa,
que al platónico Liceo,
y a la Academia más rara
que vio el Romano y el Griego,
haces la misma ventaja
que a las retamas los cedros,
los laureles a los mirtos,
y el hijo del Sol al hielo;
honor y corona mía,
por quien vivo, y por quien tengo
fama en el mundo, y tus hijos
los que sustentan mi cetro:
a darte vengo mil gracias
por el nuevo juramento
que con tal solemnidad.
ioh, gloria de España! has hecho
de defender la opinión
piadosa con santo celo,
de que la Virgen divina,
por especial privilegio,
sin pecado original
fue concebida.

Universidad

Mi intento,
España, fue su servicio,
mostrando el vivo deseo
con que pretendo alabarla,
con que servirla pretendo,
cuanto alcanzare en mis hijos,

|  |  |
|---|---|
|  | la fuerza de sus ingenios.<br>No verás desas colores,<br>adorno destos cabellos,<br>cabeza o pecho adornado.<br>de Doctor ni de Maestro<br>de aquesta Universidad,<br>que no le jure primero<br>esta defensa divina<br>a la Emperatriz del cielo. |
| España | ¡Él te pague, laurel mío,<br>celo tan santo, y subiendo<br>a las estrellas tu nombre,<br>hagan tan fértil tu pecho,<br>que estén en torno de ti<br>tus hijos como renuevos<br>de oliva, y tú victoriosa,<br>fecunda del fruto, en medio!<br>¡Plega a Dios que ocupen todos<br>lo que merecen, pues vemos<br>que con tan santa Abogada,<br>no puede faltarles premio! |
| Universidad | ¿Tanto favor, madre España? |
| España | Dame esos brazos, creyendo<br>que más que al resto del mundo<br>te quiero, estimo y respeto. |

(Tocan y abrazanse, y vanse, y salen la Duda y el Cuidado en hábito de galanes, de camino.)

|  |  |
|---|---|
| Duda | Ya te digo, Cuidado, que he venido<br>por todas las provincias de este reino |

|  |  |
|---|---|
|  | a publicar que soy el Desengaño, |
|  | pues sabes que le tengo de mi duda. |
| Cuidado | El tiempo volador todo lo muda. |

(Salen cuatro estudiantes gorrones; el uno se llama Zoquete.)

| Cuidado | ¿Qué gente es ésta? |
|---|---|
| Duda | Parece que estudiantes. |
| Cuidado | Y lo son; escucha un poco. |
| Estudiante I | Razón será oírle. |
| Estudiante II | Y lo merece. |
| Zoquete | Quedo, que esto de picar no lo podré consentir; que una cosa es argüir, y otra cosa es el jugar. |
| (Píquenle.) | ¡Ay, ay! |
| Estudiante I | ¿Qué hay? |
| Zoquete | Inhumano alfiler; eso es puericia, Deprehensus est in malitia. |
| Estudiante II | Quedo, que es mi primo hermano. |

| | |
|---|---|
| Zoquete | Si fuera jumento yo,<br>no dudo de que lo fuera. |
| Estudiante III | Trátenle de otra manera. |
| (Gargajo.) | |
| Zoquete | Excrementos, eso no;<br>   Cierre el os, o si le abre,<br>Vivit Dominus in coelis<br>cum sanctis et cum angelis,<br>que el caput le descalabre. |
| Estudiante II | Ahora bien, yo quiero hacer<br>estas paces. ¿Qué ha compuesto<br>al cartel que aquí se ha puesto? |
| Zoquete | Glossam feci. |
| Estudiante I | Diga, a ver. |
| Zoquete | Si calla... |
| Estudiante II | Este promete:<br>todo hombre, como no cite... |
| Zoquete | Estote quieti et audite. |
| Estudiante III | Diga, dómine Zoquete. |
| Zoquete |    Muy bien sé que se hacen fiestas<br>a la limpia Concepción,<br>y que al juramento son<br>aquestas glosas compuestas. |

                    Jurad tan santo estatuto,
                    porque no os ha de pesar;
                    que buen fruto, os ha de dar
                    quien a Dios nos dio por fruto.
                       Pecó Adán, que en cueros yace
                    en el Paraíso crudo,
                    mas requiescat in pace;
                    que el hombre que anda desnudo
                    no acierta en cosa que hace.
                       Cubrió de bayeta y luto
                    el mundo, que estaba enjuto
                    de la humana tempestad;
                    por tanto, Universidad,
                    jurad tan santo estatuto.

Estudiante II      ¡Vítor, vítor; está bien!

Zoquete            ¿Prosigo y procedo?

Estudiante I                     Sí.

Zoquete            Pues cuidado, porque aquí
                    hay dificultad también.
                       Juró el Señor, él lo dijo,
                    que aunque a Dios jurar licebit,
                    de hacer clérigo a su Hijo,
                    y nuquam te paenitebit,
                    como David lo predijo:
                       así que podéis jurar:
                    en Dios ejemplo tenéis;
                    jurad que a la estrella mar
                    Concepción defenderéis,
                    porque no os ha de pesar.

| | |
|---|---|
| Estudiante III | Esa copla es vizcaína. |
| Zoquete | ¿Por qué? |
| Estudiante III | Porque falta un la. |
| Zoquete | ¿No ve que suplido está, como en la lengua latina? |
| Estudiante I | Certe soloecismum dicis. |
| Zoquete | En vano de eso se altera, demás que en una litera nunquam mires con amicis.    La Virgen fue concebida sin pecado original, y antes santa que nacida; que en el líbranos de mal nunquam fue comprendida.    Y pues la supo obligar, y tanto la supo honrar el fruto del ventris tui, claro está que siendo fui, que buen fruto os ha de dar.    ¿Qué les parece? |
| Estudiante | Muy mala. |
| Zoquete | ¿Cómo mala? |
| Estudiante II | ¿Qué rocín encajara ese latín? |
| Zoquete | Ninguno ¡por Dios! le iguala, |

          quien a Dios nos dio por fruto.
            Esta Virgen puede hacer
          doctores y licenciados,
          maestros cuantos quieren,
          y dar a los desbarbados
          barbas con qué pretender.
            Como es de Dios acueducto,
          que vino por su conducto,
          de los tesoros que encierra
          dará plazas como tierra
          quien a Dios nos dio por fruto.

**Estudiante II**        ¿Cuánto va que os han de echar
          de España por esa glosa?

**Zoquete**             La glosa está misteriosa.

**Estudiante III**      El precio le quiero dar.
            ¡Al ojo, seor licenciado!

(Gargajean.)

**Zoquete**             Non videt oculus meus,
          que es cristiano; y vivit Deus,
          que un oculo me has tapado.
          Vanse los estudiantes.

**Cuidado**             ¿Qué te parece?

**Duda**                      Que están
          de regocijo y de fiesta.

**Cuidado**             Es grande ocasión aquesta,
          lugar a las fiestas dan.

                    Aquí se descubre España
                    debajo de aquel dosel.

Duda                Digna es del verde laurel
                    de cuanto el Sol dora y baña.

(España sentada en un trono; sale un baile de labradores.)

Músicos             Pues llegó esta Niña,
                    cerca viene Dios;
                    que en riendo el alba
                    luego nace el Sol.

Uno                 Niña hermosa y linda.

Todos               Luego nace el Sol.

Uno                 Pura y sin mancilla.

Todos               Luego nace el Sol.

Uno                 Que nació con risa.

Todos               Luego nace el Sol.

Uno                 Nunca fue cautiva
                    del fiero dragón.

Todos               Pues llega esta Niña,
                    cerca viene Dios.

(Vanse.)

España              Den a la Universidad

                    una corona de estrellas,
                    de diamantes, pues en ellas
                    tuvo lugar su piedad;
                    hale dado autoridad
                    este dichoso estatuto,
                    y aquel glorioso tributo
                    que defensora la nombra,
                    de que no pudo a la sombra
                    pagar el Sol tal tributo.

Duda                Bien celebra Salamanca
                    este santo juramento.

Cuidado             Anda en aqueste contento
                    tan piadosa como franca.

Duda                Luna tan hermosa y blanca,
                    manchada no puede ser,
                    porque esta fuerte mujer
                    pisó el cuello del gigante
                    que quiso un tiempo, arrogante,
                    quitarle a Dios el poder.

Cuidado             ¡Qué bien colgadas están
                    las Escuelas y las calles!

Duda                No hay falta que en ellas halles,
                    al Sol mil envidias dan:
                    sucesivamente van
                    las naciones.

Cuidado                         Calidades
                    tienen las antigüedades.

| | |
|---|---|
| Duda | Más antigua Portugal,<br>porque fantasía igual<br>no la hay en estas edades. |
| Cuidado | Ella, por lo menos, es<br>nación grave y belicosa. |
| Duda | Añade presuntuosa<br>de la cabeza a los pies:<br>muriéndose un portugués<br>este testamento hacía:<br>«Deijo miña fantasía<br>a meu fillo mor, que seu<br>a cosa millor que eu<br>en miña casa tenia.» |
| Cuidado | Tratando dellos estáis,<br>y sus músicos asoman. |
| Duda | Honrar las fiestas se abonan |
| Cuidado | Naon se pode decir mais. |
| Duda | Si a un lado no os apartáis<br>os darán una pancada. |
| Cuidado | Quede esta vez bien pisada<br>la cabeza a la culebra. |
| Duda | Bien haya, amén, quien celebra<br>la limpieza no manchada. |

(Sale un baile de portugueses.)

| | |
|---|---|
| Músicos | ¡Ah, Menina celestial! |
| | Sois sin culpa concebida, |
| | y basta, si alguien dubida, |
| | que lo jure Portugal. |
| | ¡Ay, ay, ay!, ¡qué Deus!, ¡ay, ay! |
| | ¡Ah, Menina formosa mai! |
| | O pecado naon podia |
| | manchar a Menina bela, |
| | que si Deus se viste dela |
| | a tela limpia seria: |
| | naon pudo, fazerle mal |
| | puramente concebida, |
| | y basta, si alguien dubida, |
| | que lo jure Portugal. |

(Vanse.)

| | |
|---|---|
| España | Den laurel a Portugal |
| | de esmeraldas y de oro: |
| | sean las hojas un tesoro |
| | a sus méritos igual; |
| | que mi corona Real, |
| | con su espada lusitana, |
| | en la nación otomana |
| | extendió con tal valor, |
| | que ha quedado superior |
| | a la grandeza romana. |
| Duda | ¡Oh, qué bien que está adornada |
| | la delantera de Escuelas! |
| Cuidado | ¿Quién fueron los comisarios? |
| Duda | ¡Quién Virgilio, Homero fuera! |

> Pero ya la Fama hace
> su alabanza en propia lengua:
> fray Agustín Antolínez.

Cuidado

> Justamente le celebras.

Duda

> Catedrático de Prima,
> de Teología: ya llega
> el noble doctor Pichardo,
> que la cátedra gobierna
> de Prima, en Cánones; luego
> el sabio doctor Vinuesa,
> catedrático de Leyes,
> y que escribirlas pudiera
> su ingenio de nuevo todas,
> si en España se perdieran;
> fray Juan Márquez, que es un Fénix;
> de sus virtudes y letras
> tiene ocupada la Fama,
> y cuando se hiciera lenguas
> de diamantes la gastara
> en alabar sus grandezas.

Cuidado

> ¿Cómo dejas de decir
> en cuyas manos tan bellas,
> desta Virgen pura y limpia,
> se ha de jurar la defensa?

Duda

> En las de su Obispo insigne,
> que la misa en estas fiestas,
> con digna grandeza suya
> de pontifical celebra.
> ¿Cómo te diré, Cuidado,
> las virtudes y excelencias

|   |   |
|---|---|
|   | de su ilustrísima casa? |
|   | ¿Cómo quieres que yo sea, |
|   | con mi rudo entendimiento, |
|   | faetón de sus excelencias? |
|   | Con el silencio le alabo |
|   | mucho más. |
| Cuidado | Pienso que aciertas. |

(Sale la India con un baile de indios.)

| | |
|---|---|
| India | Con la justa obligación, |
| | España, que te he debido |
| | de haberme dado tu fe, |
| | vengo a ofrecerte mis hijos. |
| España | Bien te conozco, Castilla; |
| | que disfrazada has venido |
| | por más regocijo y fiesta. |
| India | Todo ha sido por serviros. |
| España | Una corona te ofrezco |
| | de leones y castillos, |
| | de perlas, oro y diamantes. |
| India | Tus pies beso; bailad, indios. |
| (Cantan:) | Runfalalá, que no toca a la Niña, |
| | runfalalá, la culpa de Adán. |
| Uno | La Niña divina. |
| Todos | Runfalalá |

| | |
|---|---|
| Uno | María bendita. |
| Todos | Fanfalalá. |
| Uno | De los ojos niña. |
| Todos | Runfalalá. |
| Uno | De Dios que la mira. |
| Todos | Fanfalalá. |
| Uno | La frente le pisa<br>el vil Leviatán. |
| Todos | Runfalalá, etc. |

(Vanse.)

| | |
|---|---|
| Duda | Contenta ha quedado España. |
| Cuidado | Con razón contenta queda. |
| Duda | Bien han bailado los indios. |
| Cuidado | Extremada fue la letra;<br>  bien parecen los laureles,<br>la grandeza y majestad. |
| Duda | Llega la Universidad,<br>sus insignias y bedeles:<br>  ¿vio Roma triunfos mayores,<br>Césares ni capitanes? |

| | |
|---|---|
| Cuidado | ¡Qué gallardos, qué galanes<br>que van los conservadores!<br>  Mas ya el estandarte pasa. |
| Duda | Gozoso de verlo estoy. |
| Cuidado | Don Gonzalo de Monroy<br>le lleva, de cuya casa<br>  es tan clara la opinión. |
| Duda | Bien se empleó el estandarte. |
| Cuidado | Sí, que es en armas un Marte,<br>y en consejo otro Catón. |

(Sale Etiopía con un baile de negros.)

| | |
|---|---|
| Etiopía | Aquí, generosa España,<br>Etiopía te presenta<br>sus fiestas y regocijos. |
| España | Aunque disfrazada vengas,<br>te conozco, Andalucía,<br>y porque a buen tiempo llegas,<br>te quiero enseñar un cuadro<br>que he tomado por empresa<br>desta pía devoción,<br>y harásle tú la primera<br>reverencia, pues tuviste<br>non plus ultra de mi lengua. |

(Bájese España del trono, toquen chirimías e hínquense de rodillas y descúbrase un cuadro de la limpia Concepción de Nuestra Señora, en un altar muy adornado, y acabado de descubrirse, bailen los negros.)

(Cantan:)
De culebra que pensamo
morde a María lo pe,
turo riamo, turo riamo,
ihe, he, he!,
y a bailar venimo
de Tambucutú
y Santo Tomé,
ihe, he, he!
Jesucristo no consiente
en su templo andar Juría
que vende mercadería,
que le azota bravamente:
¿cómo sufrirá serpente
morder a María el pe?
Turo riamo: ihe, he, he!,
que a bailar venimo
de Tambucutú
y Santo Tomé:
ihe, he, he!

(Vanse.)

España
Con tal regocijo y fiesta,
dándole infinitas gracias
a la Virgen, hace fin
La limpieza no manchada.

Fin de la comedia

## Libros a la carta

A la carta es un servicio especializado para
empresas,
librerías,
bibliotecas,
editoriales
y centros de enseñanza;
y permite confeccionar libros que, por su formato y concepción, sirven a los propósitos más específicos de estas instituciones.

Las empresas nos encargan ediciones personalizadas para marketing editorial o para regalos institucionales. Y los interesados solicitan, a título personal, ediciones antiguas, o no disponibles en el mercado; y las acompañan con notas y comentarios críticos.

Las ediciones tienen como apoyo un libro de estilo con todo tipo de referencias sobre los criterios de tratamiento tipográfico aplicados a nuestros libros que puede ser consultado en Linkgua-ediciones.com.

Linkgua edita por encargo diferentes versiones de una misma obra con distintos tratamientos ortotipográficos (actualizaciones de carácter divulgativo de un clásico, o versiones estrictamente fieles a la edición original de referencia).

Este servicio de ediciones a la carta le permitirá, si usted se dedica a la enseñanza, tener una forma de hacer pública su interpretación de un texto y, sobre una versión digitalizada «base», usted podrá introducir interpretaciones del texto fuente. Es un tópico que los profesores denuncien en clase los desmanes de una edición, o vayan comentando errores de interpretación de un texto y esta es una solución útil a esa necesidad del mundo académico.

Asimismo publicamos de manera sistemática, en un mismo catálogo, tesis doctorales y actas de congresos académicos, que son distribuidas a través de nuestra Web.

El servicio de «libros a la carta» funciona de dos formas.

1. Tenemos un fondo de libros digitalizados que usted puede personalizar en tiradas de al menos cinco ejemplares. Estas personalizaciones pueden ser de todo tipo: añadir notas de clase para uso de un grupo de estudiantes, introducir logos corporativos para uso con fines de marketing empresarial, etc. etc.

2. Buscamos libros descatalogados de otras editoriales y los reeditamos en tiradas cortas a petición de un cliente.

www.ingramcontent.com/pod-product-compliance
Lightning Source LLC
Chambersburg PA
CBHW031453040426
42444CB00007B/1084